PERCHÉ AMO IL CONCETTO DI DONNA PREMIER

PERCHÉ PARLA IN MANIERA CHIARA

PERCHÉ USA UN LINGUAGGIO SEMPLICE

PERCHÉ È DIRETTA

PERCHÉ NON È SPOCCHIOSA

PERCHÉ È DI ROMA E
MI PIACE L'ACCENTO

PERCHÉ È SIMPATICA

PERCHÉ SIAMO COETANEI

PERCHÉ HA GLI OCCHI AZZURRI

PERCHÉ È LA DONNA DELLA PORTA ACCANTO

PERCHÉ È PARTITA DA ZERO

PERCHÉ HA STUDIATO ALL'ALBERGHIERO

PERCHÉ PARLA BENE DUE LINGUE

PERCHÉ LEI È L'ESEMPIO DI UNA CULTURA DI DESTRA

PERCHÉ SA CHE COSA
VUOL DIRE FARE
LAVORI UMILI COME
LA CAMERIERA

PERCHÉ SA CHE CON L'OPERA QUOTIDIANA, MINUTA E OSCURA SI FA GRANDE L'ITALIA

PERCHÉ È UNA
LAVORATRICE
COME ME

PERCHÉ SA CHE IL LAVORO È LA COSA PIÙ ALTA, PIÙ NOBILE, PIÙ RELIGIOSA DELLA VITA

PERCHÉ RISPETTA IL PANE, IL SUDORE DELLA FRONTE, L'ORGOGLIO DEL LAVORO E IL SACRIFICIO

PERCHÉ SA CHE IL
LAVORO, SOTTO
TUTTE LE SUE FORME,
INTELLETTUALI,
TECNICHE E MANUALI
È UN DOVERE
SOCIALE

PERCHÉ PER LEI IL REDDITO DI CITTADINANZA NON È UNA BUONA IDEA SENZA LA FORMAZIONE

PERCHÉ VUOLE RISOLLEVARE L'ITALIA E SA COME FARLO

PERCHÉ VA VERSO IL POPOLO ED È CON IL POPOLO PER COMUNIONE D'INTENTI E SPIRITO

PERCHÉ NON VUOLE COMPRARE L'ENERGIA NUCLEARE DAI FRANCESI

PERCHÉ VUOLE CREARE CENTRALI NUCLEARI DI NUOVA GENERAZIONE IN ITALIA

PERCHÉ UN PO' DI DESTRA FA BENE AL PAESE

PERCHÉ L'IMMIGRAZIONE È UN PROBLEMA EUROPEO E NON SOLO ITALIANO

PERCHÉ AIUTIAMO GLI IMMIGRATI A CASA LORO!

PERCHÉ BISOGNA FARE CHIAREZZA SULLE ONG

PERCHÉ È CONTRARIA ALLO IUS SOLI

PERCHÉ PER LEI L'ITALIA DEVE ESSERE VERAMENTE PRIMA PER GLI ITALIANI

PERCHÉ DIFENDE I VALORI DELLA FAMIGLIA E DELLA RELIGIONE CATTOLICA

PERCHÉ SA COSA VUOLE DIRE AVERE FIGLI

PERCHÉ VUOLE PROMUOVERE LE NASCITE

**PERCHÉ SOSTIENE
CHE LA FAMIGLIA
DEBBA ESSERE CON
PADRE E MADRE**

PERCHÉ ANCHE PER LEI LA LOBBY LGTB HA STANCATO

PERCHÉ DICE CHE I GIOVANI DIVENTANO GAY O LESBICHE PER MODA

PERCHÉ SECONDO LEI LO SPORT AIUTA CONTRO LA DROGA

PERCHÉ VUOLE CHIUDERE I CENTRI SOCIALI DI SINISTRA

PERCHÉ DICE CHE LE DROGHE SONO DROGHE E CHE NON C'È DIFFERENZA TRA QUELLE LEGGERE E QUELLE PESANTI

PERCHÉ È CONTRO LA LEGALIZZAZIONE DELLE DROGHE LEGGERE

PERCHÉ MUSSOLINI HA FATTO ANCHE COSE BUONE E LEI LO SA

PERCHÉ NON SI OPPORREBBE A UNA MODIFICA DELLA LEGGE SCELBA

PERCHÉ SA RICONOSCERE GLI ERRORI DEL PASSATO

PERCHÉ HA AMMESSO
CHE LE LEGGI
RAZZIALI FURONO
UN ERRORE

PERCHÉ È PIÙ FORTE DI SALVINI

PERCHÉ LA DESTRA AVEVA BISOGNO DI UNA MARCIA IN PIÙ E LEI CE L'HA

PERCHÉ LA DESTRA È LEI

PERCHÉ IO SONO DI DESTRA

PERCHÉ I MIEI VALORI SONO I SUOI

PERCHÉ DA LEI MI ASPETTO: ORDINE E GIUSTIZIA

**PERCHÉ CON IL SUO
GOVERNO LE PENE
SARANNO CERTE**

PERCHÉ LEI SA OSARE

PERCHÉ LEI È PER L'ITALIA ORA E SEMPRE

PERCHÉ CON LEI LA DESTRA VINCE

PERCHÉ BISOGNA RIPULIRE L'ITALIA

PERCHÉ DIFENDERSI DA UN LADRO NON DEVE ESSERE UN REATO

PERCHÉ L'ITALIA CON LEI RITORNERÀ GRANDE

PERCHÉ LE TASSE IN ITALIA SONO TROPPO ALTE E LEI LE ABBASSERÀ

PERCHÉ CON LEI ANCHE LE PARTITE IVA PAGHERANNO MENO TASSE

PERCHÉ LEI VUOLE DARE A TUTTI GLI ITALIANI UNA CASA

PERCHÉ HA VISSUTO
A ROMA IN UNA ZONA
DI SINISTRA, MA NON
SI È FATTA
CONTAMINARE

PERCHÉ NON HA TOLTO LA FIAMMA DAL SIMBOLO DEL PARTITO

PERCHÉ HA SEGUITO DEI BUONI CONSIGLI

PERCHÉ CERTI SLOGAN NON TRAMONTANO MAI

PERCHÉ ANCHE PER LEI FERMARSI È COME RETROCEDERE

PERCHÉ LEI TIRERÀ DRITTO

PERCHÉ LEI È FORTE

PERCHÉ È MEGLIO UN GIORNO DA LEONI CHE CENTO DA PECORA

PERCHÉ ANCHE PER LEI CHI SI FERMA È PERDUTO

PERCHÉ... INFINE...

QUALCUNO DICEVA: "VINCERE E VINCEREMO!"

E LEI HA VINTO!

HA VINTO!

HA VINTO!

HA VINTO!

HA VINTO!

HA VINTO!

HA VINTO!

www.ingramcontent.com/pod-product-compliance
Lightning Source LLC
Chambersburg PA
CBHW050830250726
48653CB00006B/2524